My Mom is Awesome

Moja mama je super

by
Shelley Admont

Illustrated by
Amy Foster

www.kidkiddos.com

Copyright©2014 by S. A. Publishing ©2017 by KidKiddos Books Ltd.

support@kidkiddos.com

All rights reserved. No part of this book may be reproduced in any form or by any electronic or mechanical means, including information storage and retrieval systems, without written permission from the publisher or author, except in the case of a reviewer, who may quote brief passages embodied in critical articles or in a review.

Sva prava zadržana.

First edition, 2018

Translated from English by Nada Stojilkovic
Prevela sa engleskog Nada Stojilković
Serbian editing by Daliborka Djurdjevic
Uredila na srpskom: Daliborka Djurdjevic

Library and Archives Canada Cataloguing in Publication

My mom is awesome (Serbian Bilingual Edition)/ Shelley Admont

ISBN: 978-1-5259-0833-0 paperback

ISBN: 978-1-5259-0834-7 hardcover

ISBN: 978-1-5259-0832-3 eBook

Please note that the Serbian and English versions of the story have been written to be as close as possible. However, in some cases they differ in order to accommodate nuances and fluidity of each language.

Although the author and the publisher have made every effort to ensure the accuracy and completeness of information contained in this book, we assume no responsibility for errors, inaccuracies, omission, inconsistency, or consequences from such information.

For my awesome kids

Za moju super decu

Hi, it's me, Liz.
Ćao, to sam ja, Liz.

Did you know my Mom is awesome?
Ii ste znali da je moja mama super?

Well, she is! She is smart and funny, strong and patient, kind and beautiful — she's amazing!
Pa, jeste! Ona je pametna i zabavna, jaka i strpljiva, dobra i lepa – ona je divna.

"Good morning, sunshine! It's time to rise!" I hear a soft whisper in my ear.

"Dobro jutro, sunce! Vreme je da ustaneš!", čujem blagi šapat na mom uhu.

That's my mom, waking me up.
To je moja mama, budi me.

She gives me a million gentle kisses and hugs me tight, but I still cannot open my sleepy eyes.
Ljubi me million puta i čvrsto me grli, ali ja i dalje ne mogu da otvorim svoje pospane oči.

"Mommy, I want to sleep," I mutter quietly. "Just for one more minute, please."
"Mamice, hoću da spavam", promrmljam tiho. "Samo još jedan minut, molim te."

She kisses me more and more, but it doesn't help.
Ona me ljubi sve više i više, ali ne pomaže.

So she gives me a piggyback ride to the bathroom.
She is so strong, my mom.

Onda me na leđima nosi do kupatila. Ona je tako jaka, moja mama.

She keeps kissing and tickling me until I start laughing hard.

Nastavlja da me ljubi i golica sve dok ne počnem glasno da se smejem.

Mom smiles. She is really beautiful. I like her dresses, her shoes, and how she does her hair.

Mama se osmehuje. Stvarno je prelepa. Dopadaju mi se njene haljine, njene cipele i kako namešta svoju kosu.

"Can you make me something fancy today?" I ask, a glimmer of hope in my eyes. "The braid we saw yesterday on the TV show, can you do something like that?"

"Možeš li da mi napraviš nešto fino danas?", upitam je sa tračkom nade u očima. "Pletenicu koju smo videli juče u TV emisiji, umeš li da napraviš tako nešto?"

I know that she can do anything. My mom is awesome.

Znam da može da napravi bilo šta. Moja mama je super.

Even if she doesn't know how to do something at first, she continues to try until she succeeds. She never gives up.

Čak i ako ne zna kako da napravi nešto iz prvog pokušaja, ona pokušava sve dok ne uspe. Nikada ne odustaje.

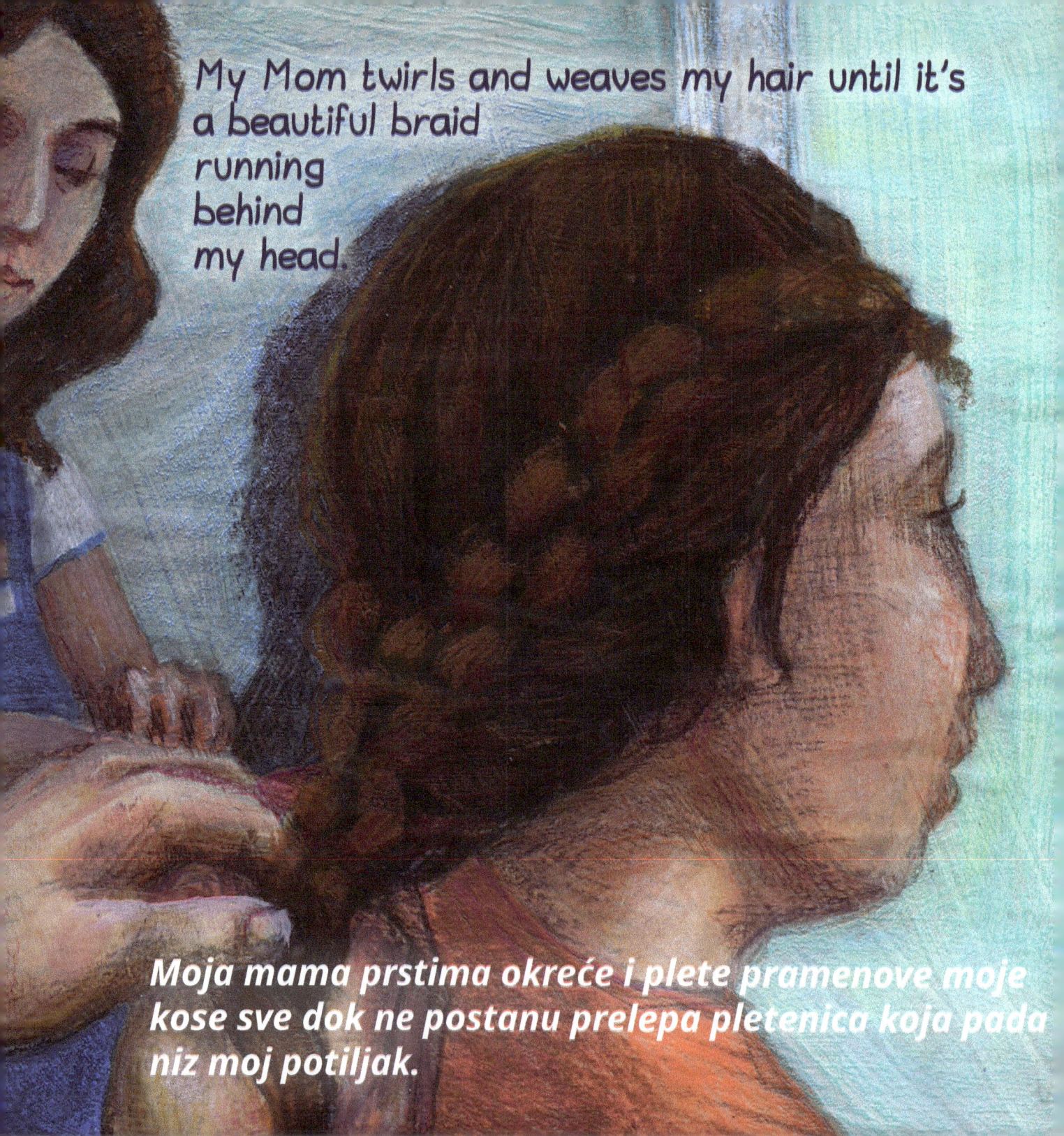

I'm so thrilled to go to class with my new hair. I can already imagine my friends' reactions. I'm sure Amy will love it.

Tako sam uzbuđena što idem na čas sa mojom novom frizurom. Već mogu da zamislim reakcije mojih prijatelja. Sigurna sam da će se Ejmi oduševiti.

"Your hairstyle is so cool! I saw the same one on TV yesterday!" Amy jumps with excitement. "Who made it?"

"Frizura ti je tako kul! Videla sam istu takvu na TV-u juče!", Ejmi skače od uzbuđenja. "Ko ti je napravio?"

"My mom!" I say proudly.

"Moja mama!", kažem ponosno.

As Amy starts exploring my hairstyle closely, more and more girls join her.

Dok Ejmi pomno proučava moju frizuru, sve više devojčica joj se pridružuje.

"It's a reversed braid!" Amy announces, after a couple of minutes. "With a twist!"

"To je obrnuta pletenica!", Ejmi objavljuje nakon nekoliko minuta. "I to uvijena!"

I hear other voices. "It's so cool!" "It looks complicated!" "It probably took a lot of time!"

Čujem i druge glasove. "Tako je kul!" "Izgleda komplikovano." "Verovatno je trebalo mnogo vremena!"

Finally Amy asks, "Can you ask your mom to teach my mom to make this braid?"

Ejmi konačno upita: "Možeš li da pitaš tvoju mamu da nauči moju mamu kako da napravi ovu pletenicu?"

"Sure! She..." I start to say, but the bell interrupts me and Mr. Z enters the class.

"Naravno! Ona...", zaustim, ali zvono nas prekida i gospodin Z. ulazi na čas.

"We are going to learn about fractions," says Mr. Z, while filling the board with strange drawings.
"Učićemo o razlomcima", kaže gospodin Z. dok popunjava tablu čudnim crtežima.

Why is it so complicated? Halves, thirds and fourths ... my head is going to explode.
Zašto je tako komplikovano? Polovine, trećine i četvrtine... pući će mi glava.

I don't give up though; I ask questions, exactly like my mom would do.
Ipak ne odustajem; postavljam pitanja, baš kao što bi i moja mama uradila.

Mr. Z explains one more time and after, he shows us a fun video about fractions.
Gospodin Z. nam objašnjava još jednom i prikazuje zabavan snimak o razlomcima.

"Next, we'll play a game," he announces. "We'll find fractions in our classroom."
"Sada ćemo igrati jednu igru", najavljuje. "Naći ćemo razlomke u našoj učionici."

I think I understand fractions much better now, but I still don't feel comfortable with all these strange numbers.

Mislim da sada mnogo bolje razumem razlomke, ali i dalje se ne osećam prijatno sa svim ovim čudnim brojevima.

At recess Amy and I run to our favorite place to play — the monkey bars. I love to climb up and hang upside-down.

Na odmoru Ejmi i ja trčimo ka našem omiljenom mestu za igranje – penjalici. Volim da se penjem i visim naglavačke.

But today on my way to the monkey bars, somehow my jeans get caught in a bush and tear right on my knee.

Ali danas, na putu ka penjalici, moje farmerke su se nekako zakačile za žbun i pocepale baš na kolenu.

I almost burst into tears. "These are my favorite pair of jeans. Look, the tear is huge."

Zamalo da zaplačem. "Ovo su mi omiljene farmerke. Vidi, baš su se pocepale."

Finally I'm home and Mom's back from work. She always understands what I feel.

Konačno sam kod kuće i mama se vratila s posla. Ona uvek razume kako se osećam.

"How was your day, sweetie?" her voice full of care. She wraps me in her arms and continues asking questions until I share everything with her.

"Kakav ti je bio dan, dušo?", upita brižnim glasom. Obgrli me rukama i nastavi da ispituje dok joj sve ne kažem.

I spill to her all about fractions, the tear in my jeans and how frustrated I feel.

Priznam joj sve o razlomcima, pocepanim farmerkama i koliko se osećam uznemireno.

Mom always finds a solution to any problem.

Mama uvek nađe rešenje za svaki problem.

"What shape do you want to cover your tear? Heart or star?" Of course I choose a large pink heart.

"Kojim oblikom želiš da zakrpimo farmerke? Srce ili zvezda?" Naravno, ja biram veliko roze srce.

She sews a heart-shaped patch over the hole on my torn jeans, so no one will notice the hole underneath. How cool is that?

Ona zašiva zakrpu u obliku srca preko rupe na mojim pocepanim farmerkama, tako da niko neće primetiti rupu ispod. Zar to nije kul?

"Oh, thank you, Mommy," I exclaim happily. "These jeans look so fancy now. Let's put another patch here!"

"Oh, hvala ti, mama", uzvikujem srećno. "Ove farmerke sada izgledaju tako elegantno. Hajde da ovde stavimo još jednu zakrpu!"

We work together and design my new cool outfit.
Zajedno radimo i osmišljavamo moju novu kul garderobu.

We sew two smaller heart patches on my jeans and one larger heart on my T-shirt.
Zašivamo dve manje zakrpe u obliku srca na moje farmerke i jedno veće srce na moju majicu.

"Look, now you have new jeans and a matching T-shirt," she says.
"Vidi, sada imaš nove farmerke i majicu koja se slaže sa njima", kaže ona.

"Mom, you're my hero!" I announce, hugging her tight. We both start laughing loudly.
"Mama, ti si moj heroj!", izjavljujem čvrsto je grleći. Obe se glasno nasmejemo.

Then she pulls me into the kitchen. "It's a time for something sweet. Let's make cupcakes. But we need to use fractions in order for this to work."
Onda me odvlači u kuhinju. "Vreme je za nešto slatko. Hajde da napravimo kapkejk kolačiće. Ali moramo da koristimo razlomke kako bi nam uspelo."

"Don't be afraid," Mom says softly. "We'll make it together."

"Ne boj se", kaže mama nežno. "Napravićemo ih zajedno."

I take a deep breath and open Mom's big cooking book.

Duboko udahnem i otvaram mamin veliki kuvar.

"For five cupcakes you'll need a quarter cup of flour," I read.

"Za pet kapkejks kolačića trebaće vam četvrtina šolje brašna", čitam.

When the evening comes, Mom tucks me in my bed, covers me with my butterfly blanket and says, "I love you, pumpkin."

Uveče, mama me ušuškava u krevet, pokriva me mojim ćebetom sa leptirima i kaže: "Volim te, dušice".

"I love you, Mommy," I whisper with a big yawn fluttering my eyes shut. As I think about the wonderful day we had, I fall asleep.

"Volim te, mama", šapnem zevajući i zatvarajući oči. Tonem u san, dok razmišljam o divnom danu koji smo provele zajedno.

I wake up in the morning, because I feel warm kisses on my face and hear a gentle voice: "Good morning, sweetie. It's time to rise and shine."

Ujutru se budim osećajući tople poljupce i nežan glas: "Dobro jutro, dušo. Vreme je da se ustaje."

My eyes are still closed but I feel her near me. She strokes my hair and it feels wonderful.

Oči su mi i dalje zatvorene, ali je osećam blizu sebe. Mazi me po kosi i to je tako divno.

I love my mom. She's awesome. When I grow up, I want to be exactly like her!

Volim moju mamu. Ona je super. Kada porastem, želim da budem baš kao ona!

And guess what? Your mom is awesome too. Make sure to give her a hug to let her know how amazing she is!

I znate šta? I vaša mama je super. Obavezno je zagrlite da joj date do znanja koliko je divna!

www.ingramcontent.com/pod-product-compliance
Lightning Source LLC
Chambersburg PA
CBHW061140070526
44584CB00033B/4375